LORELEY

LÉGENDE SYMPHONIQUE EN TROIS PARTIES

POÈME

DE

M. EUGÈNE ADENIS

MUSIQUE DE

MM. P. & L. HILLEMACHER

Ouvrage couronné au Concours municipal de la Ville de Paris
1881 — 1882

PARIS

TRESSE, ÉDITEUR

8, 9, 10, 11, GALERIE DU THÉATRE-FRANÇAIS
PALAIS-ROYAL

1883

LORELEY

LÉGENDE SYMPHONIQUE

Exécutée pour la première fois à Paris, dans la salle du CHATELET,
sous la direction de M. Ch. LAMOUREUX,
le 14 décembre 1882.

A LA MÊME LIBRAIRIE

DU MÊME AUTEUR :

LES DEUX SAISONS, comédie en un acte en vers, repré-
sentée sur le théâtre de l'Odéon. 1 50
DIOGÈNE ET SCAPIN, a-propos en vers, représenté à la
Comédie-Française. . . . . 1 »
MADAME DUGAZON, comédie en un acte, en vers, repré-
sentée sur le théâtre de l'Odéon. 1 50
UNE MISSION DÉLICATE, comédie en un acte, en **vers**
libres, représentée sur le théâtre de l'Odéon . . 1 50

IMPRIMERIE GÉNÉRALE DE CHATILLON-SUR-SEINE, JEANNE ROBERT

LORELEY

LÉGENDE SYMPHONIQUE EN TROIS PARTIES

POÈME

DE

M. EUGÈNE ADENIS

MUSIQUE DE

MM. P. & L. HILLEMACHER

Ouvrage couronné au Concours municipal de la Ville de Paris
1881 — 1882

PARIS

TRESSE, ÉDITEUR

8, 9, 10, 11, GALERIE DU THÉATRE-FRANÇAIS
PALAIS-ROYAL

1882

PERSONNAGES

LORE............................... Mlle Caroline Salla.
HEINRICH .... MM. Talazac.
WALTER, écuyer d'Heinrich......... Taskin.
L'ÉVÊQUE DE LORCH............... Plançon.

Hommes et Femmes du Peuple. — Gardes, Soldats,
Étudiants, etc.

Pour la partition et les parties d'orchestre, s'adresser à M. A. Leduc, éditeur de musique, 3, rue de Grammont, à Paris.

LORELEY

PREMIÈRE PARTIE

LE RHIN

PRÉLUDE.

C'est le soir. — Le fleuve déroule lentement ses ondes majestueuses.
— On entend au loin et par intervalles, comme un murmure lointain, la voix des bateliers dans le silence de la nuit. — Plusieurs
navires descendent le fleuve... les voix se rapprochent... tout à
coup, un chant triste s'élève : c'est la Ballade de Lore.

BALLADE.

LORE.

Le temps s'enfuit, le passé dort,
Sombre silence !...

Ma voix s'éteint, mon cœur est mort
         A l'espérance !...

Voici l'hiver, voici la nuit,
         La neige tombe...
O spectre ailé, viens à minuit
         Creuser ma tombe...

Viens me verser, fils du sommeil,
         L'oubli des choses...
Je veux dormir, loin du soleil,
         Sous l'œil des roses !

Le fleuve s'entr'ouvre et les navires, entraînés vers le rocher de
Lore, se brisent et disparaissent dans l'abîme... Peu à peu les
eaux se referment et le calme reparaît.

———

SCÈNE PREMIÈRE

L'intérieur d'une église à Lorch. — Des femmes et des enfants en
prière, supplient le Seigneur de les délivrer des sortilèges de la
fée.

CŒUR DE FEMMES et D'ENFANTS.

O toi qui sais quels redoutables pièges
         Nous tend l'esprit du mal,
Anéantis, Seigneur, ses sortilèges,
         Brise son joug fatal !

Daigne abriter nos têtes les plus chères
D'un péril renaissant...
Tu vois nos pleurs : fais cesser nos misères,
O Seigneur tout-puissant !   .

LES FEMMES.

Chaque jour nous enlève un époux bien-aimé...

LES ENFANTS.

Chaque jour nous ravit un père.

ENSEMBLE.

Notre cœur, dans un deuil éternel abîmé,
En vain se désespère...
Nous t'en supplions à genoux,
Mon Dieu, protège-nous.

O toi qui sais quels redoutables pièges
Nous tend l'Esprit du mal,
Etc...

On entend des cris éloignés au dehors.

SCÈNE II

LES MÊMES, HOMMES DU PEUPLE, LORE.

LES HOMMES, dans la rue.

A mort ! à mort !... c'est elle, la voilà !...
La sorcière !... saisissez-la !...

CHŒUR D'HOMMES, les voix se rapprochent peu à peu.

Qu'on l'enchaîne
Sans pitié, sans remords ;
Qu'on l'entraîne
Au bûcher, à la mort ;
Que la flamme
La dévore à l'instant,
Que son âme
Soit rendue à Satan !

LES FEMMES, qui se sont précipitées jusqu'à la porte de l'église,
désignant Lore debout au milieu de la foule.

Voyez, c'est elle !... on l'a reconnue au passage !...

VOIX DIVERSES DANS LA FOULE.

Qu'on la juge !... — non, non !
Qu'elle expire sur l'heure, à mort !...

LES FEMMES.

Sous ce visage
Calme et doux, elle cache une âme de démon !...
Sorcière infâme, sois maudite !...

TOUT LE CHOEUR.

Sois maudite !
Qu'on dresse un bûcher au plus vite !
A mort ! à mort !
Qu'on l'enchaîne
Sans pitié, sans remords...
Etc...

SCÈNE III

Les Mêmes, L'ÉVÊQUE DE LORCH, WALTER.

L'ÉVÊQUE, paraissant sur les marches de l'église.

Quels sont ces cris de mort qui, jusqu'au pied de Dieu,
Viennent troubler la paix profonde du saint lieu ;
    D'où vient cette fureur extrême,
Et de quel droit, ô foule impie, oses-tu donc
    Menacer à la porte même
    Du séjour de pardon ?

WALTER, s'avançant.

Notre fureur, mon père, est légitime et sainte,
J'en atteste le Dieu Sauveur qui nous entend !
Et vous la comprendrez vous-même en m'écoutant.

L'ÉVÊQUE.

Parle, mon fils, parle sans crainte.

WALTER.

Debout sur un rocher qui domine le Rhin,
Une femme, devant le fleuve souverain,
    Jette, le soir, au batelier qui passe,
Un chant qu'avec terreur semble écouter l'espace...

Et ce chant qui les berce, à l'heure où tout s'endort,
Est pour les matelots un présage de mort !

Malheur aux navires !

Sur le roc brutal,
Tous, tu les attires,
O chant trop fatal !
Ta folle puissance
Tous les envahit,
Tous dans l'onde immense
Les anéantit !

Et celle qui nous cause une telle détresse,
Sorcière, dont l'enfer jaloux nous accabla,
Cette terrible enchanteresse,
Mon père... la voilà !

Il désigne Lore qui, triste et la tête baissée, semble étrangère à
ce qui se passe autour d'elle. Sur un geste de l'évêque, la
foule s'écarte avec respect. Il s'approche de Lore.

L'ÉVÊQUE, à Lore.

O ma fille, est-il vrai que l'ange des ténèbres
Engendre par ta voix ces désastres funèbres ?...

LORE, levant la tête et d'une voix triste, sans répondre.

Le temps s'enfuit, le passé dort...

L'ÉVÊQUE.

Laisse ce triste chant où ta raison s'oublie...
Est-il vrai que tu sois coupable de magie ?...
... Tu ne me réponds pas ?...

LORE.

Hélas ! hélas!
Douleur toujours vivante et pourtant ancienne !...

Mon père, si j'étais une magicienne,
  Pour retenir mon bien-aimé, ma voix
    Aurait trouvé des charmes...
Je ne l'attendrais point sans cesse dans les larmes :
    Il serait là... comme autrefois !

O temps heureux, saison qui m'es ravie,
    Ah ! reviens encor,
     Riant âge d'or
      De ma vie !

      Avec une exaltation croissante.

A l'heure où la rosée en pleurs
    Sème sur les fleurs
    Ses perles d'opale,
Nous allions, éveillés tous deux
    Par tes sons joyeux.
    Cloche matinale !
Nous allions, tous deux enlacés,
    Heureux fiancés
    Parmi les campagnes,
A travers les sentiers bien longs,
    Des riants vallons
    Aux fières montagnes !...

O temps heureux, saison qui m'es ravie,
    Ah ! reviens encor,
      Etc...

Il est parti !... cruel instant !
    Funeste aurore !

Et moi, nuit et jour, en chantant
La ballade qu'il aimait tant,
Nuit et jour, je l'appelle encore !

Lore retombe dans sa rêverie.

L'ÉVÊQUE.

Mes fils, sur cette enfant que l'amour rendit folle,
Loin d'appeler la vengeance du ciel,
Implorez Celui qui console
Pour qu'il daigne adoucir son désespoir cruel :
Nous lui devons notre appui sur la terre.
Qu'on la conduise au monastère
De Frauenthal, et là, dans ce saint lieu,
Elle vivra sous la garde de Dieu.

O Seigneur, qu'un rayon de ta grâce divine
Descende sur ce front charmant
Et l'illumine !
Seigneur, sois clément !

LE CHOEUR.

Seigneur, sois clément !

SCÈNE IV

L'escorte qui accompagne la belle Lore chemine lentement en suivan
les bords du fleuve. Arrivée au sommet de la montagne, Lore saisit
la harpe qu'elle avait laissée, la veille, à sa place accoutumée. Elle
en tire quelques accords... Les soldats, charmés ne songent plus

à retenir la jeune fille. Elle fuit légèrement au sommet de son rocher, prend sa harpe contre sa poitrine et, les yeux au ciel, se aisse lentement choir, non plus comme un corps qui tombe, mais comme une colombe qui s'envole aux yeux des soldats émerveillés.

FIN DE LA PREMIÈRE PARTIE

DEUXIÈME PARTIE

———

SCÈNE PREMIÈRE

LA FORÊT

INTRODUCTION.

C'est le déclin du jour. — On entend dans l'éloignement la voix des étudiants qui, après la chasse, quittent la forêt pour se rendre à la taverne.

CHOEUR D'ÉTUDIANTS.

Plaisir, étincelle
Du divin séjour,
Fais planer ton aile
Sur nous, nuit et jour !

Qu'importe la veille
Ou le lendemain,

Si le plaisir veille
Le long du chemin;

S'il ouvre sa porte
A l'instant qui suit,
Mes amis, qu'importe
L'instant qui s'enfuit !

Plaisir, étincelle
Du divin séjour,
Fais planer ton aile
Sur nous nuit et jour !

SCÈNE II

Une autre partie de la forêt.

HEINRICH, seul.

Le soleil va s'enfuir loin du ciel solitaire...
A peine reste-t-il encor
Aux nuages épars un dernier reflet d'or,
Un dernier reflet à la terre...

Je n'ai pas entendu l'appel lointain du cor...
En rêvant, j'ai quitté la route
Que suivaient mes amis... Ils me cherchent sans doute...
Où sont-ils ?...

Il sonne du cor.

Rien... personne ne répond...
Seul, j'ai troublé le silence profond...
Ils sont partis !...

A ce moment, la voix des étudiants se fait entendre dans l'éloignement.

Non, non... leur voix m'appelle...
Ils sont tous réunis près du fleuve... là-bas...
La première étoile étincelle...
Astre des nuits, guide mes pas !

Quel trouble singulier pénètre
Dans tout mon être
Et quelle voix me crie « Heinrich, n'avance pas ! »

L'ombre grandit et m'environne...
Avec elle je sens redoubler mon émoi !
Ah ! folles terreurs, loin de moi !
Marchons... Voici les bords du grand fleuve... Personne !
Mais qui donc m'appelait ?...

L'image de Lore paraît sur le rocher.

O prodige... mes yeux
S'ouvrent à la clarté d'un monde merveilleux !...
Suis-je donc au pays des fées ?...
Frais murmures !... voix étouffées !...
Parfums mystérieux !

O vierge pure ! ô chère image,
Que j'entrevoi,
Si tu n'es pas un vain mirage,
Oh ! parle-moi !

LORELEY

Ne quitte pas la terre, reste,
Lys enchanté ;
N'éteins pas le rayon céleste
De ta beauté !

Telle on voit s'élever d'une fraîche vallee
Une vapeur légère, aux contours gracieux,
Telle tu m'apparais, toute blanche et voilée,
Chaste fille des cieux !

O vierge pure ! ô chère image,
Etc....

Hélas ! la vision s'évanouit dans l'air !...

SCÈNE III

HEINRICH, WALTER.

WALTER, s'avançant.

Seigneur Heinrich ?...

HEINRICH.

Quelqu'un ?... c'est toi, Walter ?

WALTER.

Depuis une heure, en vain, parcourant chaque route,
A travers la forêt, je vous cherche... Sans doute,
L'esprit malin qui prit soin d'égarer vos pas
Dirigeait les miens... mais qu'importe

A présent... vos amis vous attendent là-bas
A la taverne... allons...

HEINRICH, sans l'entendre.

Ah ! ne la vois-tu pas ?...
'Reviens, reviens...

WALTER.

Mais quel délire vous transporte
Et quel objet semble fixer vos yeux ?...

HEINRICH.

Je viens de faire un rêve enchanteur et je veux
Qu'il me ravisse encore...
Regarde ce rocher...

WALTER.

Grand Dieu ! que dites-vous ?
C'est le rocher de Lore !...

HEINRICH.

Elle m'est apparue...

WALTER.

Ah ! c'en est fait de nous

WALTER.

Sombre enchanteresse,
Source de détresse
Qui renais sans cesse,
Par l'enfer, va-t'en !
Assez de victime,
Spectre de l'abîme

Qu'éveille et ranime
L'esprit de Satan !

Ne connaissez-vous point cette magicienne ?...

HEINRICH.

Que m'importe ! je veux la revoir, qu'elle vienne
De l'enfer ou du ciel !

WALTER.

Ignorez-vous donc qu'elle est morte
En état de péché mortel...
Qu'elle-même a mis fin à ses jours ?...

HEINRICH.

Que m'importe ?

WALTER.

Et maintenant elle est condamnée à son tour
A revenir ici, mon maître, jusqu'au jour
Où quelque chevalier, l'ayant enfin suivie,
Lui fera perdre, en lui donnant sa vie,
Le souvenir de son premier amour !

HEINRICH.

Au prix de ma vie, à travers l'espace
Je la suivrai, car je veux la revoir !...

WALTER.

Malheur ! malheur au cavalier qui passe
Près d'ici... le soir !
Tenez... l'entendez-vous la ballade maudite,
Qui jadis troublait le fleuve éperdu ?...

Mon maître, ah ! fuyons au plus vite
Fuyons, ou vous êtes perdu !

Heinrich s'éloigne entraîné par Walter.

SCÈNE IV

La taverne.

HEINRICH, WALTER, ETUDIANTS.

VOIX DES ÉTUDIANTS, au dehors.

Plaisir, étincelle,

Etc.

Ils entrent dans la taverne.

UN ÉTUDIANT, levant son verre.

A l'oubli des soucis moroses !

UN AUTRE, même jeu.

Aux trois divinités antiques... à l'amour,
A Bacchus, couronné de roses,
A Diane, fille du jour !

WALTER, se levant.

Je n'ai mis mon bonheur sur terre
Dans aucun des biens d'ici-bas,
Ni dans la gloire des combats,
  Ni dans l'étude austère !...
Suivez mon exemple et ma loi
Qu'on verse le vin à la ronde !...

Je me tiens coi,
Voilà pourquoi
Je suis si joyeux d'être au monde !

LE CHŒUR DES ÉTUDIANTS.

Je me tiens coi,
Voilà pourquoi
Je suis si joyeux d'être au monde !

WALTER.

Nul désir jamais ne m'affame :
Je sais me contenter de peu,
Je fuis la volupté du jeu,
    L'ivresse de la femme !...
Suivez mon exemple et ma loi,
        Etc...

HEINRICH.

Leur bruyante gaieté redouble mes ennuis...
    O profond silence des nuits,
    Toi seul conviens à ma tristesse.

LES ÉTUDIANTS.

Heinrich, quel désespoir jaloux
A suspendu, depuis ton retour parmi nous,
    Le libre essor de ta jeunesse ?

HEINRICH.

Vous comprendriez mal de semblables douleurs...
Amis, soyez heureux, couronnez-vous de fleurs :
    Moi, je n'attends rien de la vie !

LES ÉTUDIANTS.

Il n'est point de douleurs qu'on ne dompte à loisir!
A vingt ans, n'a-t-on pas la force de saisir
            Tous les biens que le cœur envie?...

HEINRICH.

            Hélas! ô mes amis,
Le seul bien où j'aspire, adorable mensonge,
            Il ne m'est permis
De ne le poursuivre qu'en songe!...

            Astre idéal qui caressas mes yeux,
                    Astre radieux,
                    Ange ou femme,
Mon âme où vit ton divin souvenir,
                    Jure de s'unir
                    A ton âme !

            Tu brilles d'un éclat pareil
                    A ces étoiles!
            Rêve d'un soir!... rayon vermeil
                    Du ciel sans voiles!

            Fleur de la nuit! parfum discret!
                    Blancheur sereine
            Que la brise dissiperait
                    De son haleine!

Astre idéal qui caressas mes yeux,

> Astre radieux,
> Ange ou femme,
> Etc...

On entend la ballade de Lore.

Ecoutez... écoutez... Ne l'entendez-vous pas?...
Je la reconnais... oui, c'est elle
Qui m'appelle
Sur ses pas!

WALTER bas, aux étudiants.

Ne laissez point sortir mon maître...
Lore à ses yeux vient d'apparaître!...

TOUS, avec effroi.

La sorcière du Rhin!...

WALTER.

Oui, son cœur éperdu
Sans cesse croit l'entendre... Il faut, pour l'y soustraire,
L'étourdir, le distraire...
Car s'il s'éloigne, il est perdu!

LES ÉTUDIANTS.

Allons, Heinrich, remplis nos verres,
Et verse à ton tour!
Au diable soient les fronts sévères,
Au diable l'amour!

HEINRICH.

Oui, donnez-moi ce flacon que colore
Un rayon vermeil et doux...

LES ÉTUDIANTS.

Verse et chante avec nous!
Plaisir, étincelle
Du divin séjour.

La ballade de la fée se fait entendre de nouveau. — Heinrich, au
moment de verser, s'arrête et écoute.

LES ÉTUDIANTS, entre eux, à demi-voix.

C'est la chanson de Lore.
Haut.
Heinrich, verse encore!...

ENSEMBLE.

LES ÉTUDIANTS et WALTER.	HEINRICH.
O funeste délire!	O suprême délire!...
Au pouvoir qui l'attire	Sa douce voix m'attire!
Il se livre ébloui!	O transports inouïs...
La voix de la sirène	Au pouvoir qui m'entraîne
Le séduit et l'entraîne...	Ma charmante sirène,
Ah! c'en est fait de lui!	. Je cède... j'obéis...

LES ÉTUDIANTS.

Heinrich! Tu ne sortiras pas!

HEINRICH, brusquement.

Non, laissez-moi, je veux la rejoindre là-bas!...

WALTER.

Mon maître, hélas, loin de cette demeure
Où donc voulez-vous fuir?... Minuit sonne, c'est l'heure,
L'heure où la mort se lève... Ah! restez, par pitié!...

LES ÉTUDIANTS.

Heinrich, nous te gardons au nom de l'amitié.

HEINRICH.

Ah ! laissez-moi, vous dis-je, ou prenez garde !...
Que nul de vous ne se hasarde
A retenir mes pas ; car, dans cette maison,
Sur l'heure, il me rendrait raison !...

WALTER.

Ah ! permettez qu'au moins je vous suive...

HEINRICH.

Non pas !
Reste, je te l'ordonne !
Et que personne
Ici ne fasse un pas !...

Il lui échappe et disparaît.

ENSEMBLE.

LES ÉTUDIANTS et WALTER.

O funeste délire !
Etc...

FIN DE LA DEUXIÈME PARTIE

TROISIÈME PARTIE

LORELEY

SCÈNE UNIQUE

HEINRICH, LORE, CHŒUR DES VOIX DE LA NATURE.

Nuit étoilée. — Heinrich s'avance lentement vers le rocher où la fée
lui est apparue pour la première fois.

CHŒUR DES VOIX DE LA NATURE.

Comme au printemps la sève inépuisable et pure
Attire les trésors cachés de la nature
    Aux regards frémissants du jour ;
Ainsi, sœur de l'aurore immortelle et sacrée,
Une âme s'ouvre enfin par une âme attirée,
    Au premier éveil de l'amour !

HEINRICH.

O belle nuit, salut! nuit pleine de rayons,.
          Nuit silencieuse et sans voiles,
Tu peuples mes regards de douces visions!...
          Blondes filles du ciel, étoiles,
A la lueur de vos cierges tremblants,
          Je m'avance... ô calmes nuées,
Vous avez revêtu vos chastes manteaux blancs
          Pour le plus pur des hyménées!...

LORE.

Voici mon fiancé... Salut, ô belle nuit!
          O nuit d'amour, ô nuit suprême!
Etoiles, de ce feu de diamants qui luit,
Faites pour moi le plus éclatant diadème!..
O fleuve, prête-moi ton limpide miroir,
Et vous, vous qui fuyez l'aurore matinale,
Sirènes, préparez ma robe virginale :
          Je veux être belle ce soir!

CHŒUR DES VOIX DE LA NATURE.

Comme au printemps, la sève inépuisable et pure...
          Etc...

HEINRICH.

          Ah! quelle ineffable harmonie
Descend des purs sommets où plane l'Idéal,
Dans mon cœur enivré?...

LORE.

          La nature infinie
Chante notre hymne nuptial.

ENSEMBLE.

Je suis à toi!... je t'aime!...
Loin des regards du jour,
O fleuve, verse-nous le sublime baptême
De l'amour!...
Verse en notre âme,
Ciel enchanté,
Ta douce flamme
Et ta clarté !

LORE.

Si tu ne me crains pas et si ma voix t'est chère,
Viens, ô mon bien-aimé!...

HEINRICH.

Moi, te craindre?... et pourquoi?...

LORE.

Je n'appartiens plus à la terre...

HEINRICH.

Je veux donc la quitter pour jamais!... entends-moi,
Lore... Par ces rochers, par ces bois, par ces chênes,
Par cette belle nuit, par ce ciel enchanté,
Fais-moi de tes deux bras deux éternelles chaînes,
Je t'appartiens... et pour l'éternité!

ENSEMBLE.

Je suis à toi!... je t'aime,
Etc...

LORE.

Heinrich, vois, la forêt est toute illuminée !
Viens poser sur mon front la couronne de fleurs
    Et recevoir la bague d'hyménée...
Plus près... plus près encor... un baiser !...

> Heinrich fasciné avance toujours et tombe dans les bras de la
> fée qui, en glissant lentement sur l'eau, l'entraîne au fond du
> gouffre.

HEINRICH, expirant.

Ah ! je meurs !

CHŒUR DES VOIX DE LA NATURE.

Comme au printemps, la sève inépuisable et pure,
    Etc.

FIN

Imprimerie Générale de Châtillon-sur-Seine. — Jeanne Robert.